# DA BIOLOGIA À SOCIOAFETIVIDADE:

## uma análise da filiação no ordenamento jurídico brasileiro

Rodolfo Candia

# DA BIOLOGIA À SOCIOAFETIVIDADE:

## uma análise da filiação no ordenamento jurídico brasileiro

---

1ª Edição
Goiânia

ANGELIA
EDITORA

2024

**Dados Internacionais de Catalogação na Publicação (CIP)**
**(Câmara Brasileira do Livro, SP, Brasil)**

Candia, Rodolfo
Da biologia à socioafetividade : uma análise da filiação no ordenamento jurídico brasileiro / Rodolfo Candia. -- 1. ed. -- Goiânia, GO : Angelia Editora, 2024.

69 p.

Bibliografia.
ISBN 978-65-83134-65-3

1. Direito de família - Brasil 2. Pais e filhos (Direito) - Brasil 3. Paternidade (Direito) 4. Paternidade - Aspectos psicológicos I. Título.

24-244960 CDU-347.6

**Índices para catálogo sistemático:**

1. Direito de família: Direito civil 347.6

Eliete Marques da Silva - Bibliotecária - CRB-8/9380

## SUMÁRIO

# INTRODUÇÃO

Ao observarmos a atual sociedade brasileira, notamos que diversas podem ser as feições e peculiaridades na formação dos diversos seios familiares.

Não mais se vislumbra no casamento, a única via de formação destas famílias, de sorte que também já não se observa o caráter patriarcal, visto que ao crivo de nosso atual ordenamento afastou-se a visão arcaica de que apenas o homem detém a garantia e o dever de ser diretor do lar.

Neste ponto, surge a afetividade como diretriz a ser seguida pelo nosso ordenamento, com vistas à complementação do perfil aberto da nossa Constituição, que, apesar de não conter explicitamente o afeto em seu seguimento, inclina-se com constância, a indiretamente apontá-lo como sucedâneo constituinte da família brasileira.

O afeto como nova característica e fator evolutivo, gera vários efeitos e discussões a depender das peculiaridades de cada caso, e isso é o que vem ocorrendo, segundo a Doutrina, pelo surgimento da filiação socioafetiva, o que deveras, nos traz o questionamento acerca da possibilidade de o filho contrair direitos e transferir deveres pela coexistência de vínculos com os genitores biológicos e socioafetivos.

Logo, o presente livro tem por finalidades precípuas analisar e esclarecer este ponto que é comum nos lares brasileiros, e que vive em constante evolução.

Nesse bojo, em um primeiro momento se estudará sobre os aspectos gerais do Direito de Família, e após será analisada passo a passo a evolução dos entendimentos sobre a filiação, que culminaram no que hoje se entende por filiação socioafetiva.

Tudo isso, com auxílio das doutrinas que são referências nos temas aqui abordados, principalmente no que concerne ao direito de família, à paternidade socioafetiva e as diferentes formas de filiação, consultando ainda, a internet e a jurisprudência pátria.

# 1 DAS GENERALIDADES DO DIREITO DE FAMÍLIA

## 1.1. Histórico

Uma vez observadas as peculiaridades de cada sociedade por meio do arcabouço histórico, vemos que a definição da estrutura familiar se altera por diversas vezes nos períodos de tempo.

Por tal, o que definimos por família, cada vez mais se distancia dos conceitos atingidos pelas sociedades passadas, tendo em vista, principalmente, a característica global inserida pelos meios de comunicação, dentre outros fatores da modernidade.

Em suma, "*três foram as importantes fases que marcaram a constituição da família, a saber, a família no Direito Romano; no Direito Canônico; e na Pós-Modernidade*".[1]

### 1.1.1. A Família no Direito Romano

Adentrando pelo Direito Romano, temos que as civilizações antigas não detinham qualquer proximidade

---

[1] DILL, Michele Amaral. **Evolução histórica e legislativa da família e da filiação**. Disponível em: <http://www.ambito-juridico.com.br/site/index.php?n_link=revista_artigos_leitura&artigo_id=9019#_ftn29>. Acesso em: 24 de out. 2014.

de uma conotação afetiva na constituição da família, o que difere completamente dos dias atuais.

Desse modo, ainda que houvesse um afeto natural entre os familiares, derivado principalmente do nascimento do filho, não era este o fator preponderante ou mesmo o principal elo de ligação a ensejar a caracterização de uma família.[2]

Conforme o resgate histórico trazido pelo doutrinador Silvio de Salvo Venosa, temos que outros fatores eram mais sucedâneos a caracterizar uma família, senão vejamos:

> Os membros da família antiga eram unidos por vínculo mais poderoso do que o nascimento: a religião doméstica e o culto dos antepassados. Esse culto era dirigido pelo *pater*. A mulher, ao se casar, abandonava o culto do lar de seu pai e passava a cultuar os deuses e antepassados do marido, a quem passava a fazer oferendas. Por esse longo período da antiguidade, família era um grupo de pessoas sob o mesmo lar, que invocava os mesmos antepassados.[3]

Continua sua apresentação histórica, citando a visão do historiador francês Fustel de Coulagens:

---

[2] VENOSA, Silvio de Salvo. **Direito de Família**. 13 ed., rev., atual., e ampl. São Paulo: Editora Atlas S.A., 2013, p. 4, v. 6.
[3] VENOSA, Sílvio de Salvo. Op., cit., p. 4.

> O casamento era assim obrigatório. Não tinha por fim o prazer; o seu objeto principal não estava na união de dois seres mutuamente simpatizantes um com o outro e querendo associarem-se para a felicidade e para as canseira da vida. O efeito do casamento, à face da religião e das leis, estaria na união de dois seres no mesmo culto doméstico, fazendo deles nascer um terceiro, apto para continuador desse culto.[4]

Portanto, o que se via nas famílias era o poder soberano do *pater,* uma vez que ele concentrava as funções da casa e detinha as qualidades de chefe político e religioso, e por onde a mulher, os filhos e os empregados eram submissos.

### 1.1.2. A Família no Direito Canônico

De outro norte, surge na decadência do Império Romano, o Cristianismo, que fortemente interferira na constituição das famílias, vez que passou a tratar o casamento como um sacramento, não sendo permitido aos contraentes desfazerem-no por vontade própria, podendo apenas a morte lhes separar.

Eis a segunda fase da evolução da família, visto que o Direito Canônico passou a fortalecer o poder espiritual dos seios familiares, e conforme nos apresenta

---

[4] Idem, p. 5.

Caio Mário da Silva Pereira, vedava práticas que a pudessem fazer se desagregar:

> O aborto, o adultério, e principalmente o concubinato, nos meados da Idade Média, com as figuras de Santo Agostinho e Santo Ambrósio; até então o concubinatus havia sido aceito como ato civil capaz de gerar efeitos tal qual o matrimônio. Os próprios reis mantiveram por muito tempo esposas e concubinas e até mesmo o clero deixou-se levar pelos desejos lascivos, contaminando-se em relações carnais e devassas, sendo muito comum a presença de mulheres libertinas dentro dos conventos.[5]

Vale ressaltar que o adultério não mais era visto como algo comum. Pelo contrário, passou a ser tratado como prática abominável e fator de segregação das mulheres, visto que externou-se o medo de que essas vivessem relacionamentos extraconjugais.

Neste ponto, "*na Grécia existia um machismo muito evidente e o catolicismo fortaleceu a autoridade do homem, dentro da célula familiar, tornando-o chefe absoluto*".[6] Nesse sentido, Rodrigo da Cunha Pereira, acrescenta:

---

[5] PEREIRA, Caio Mário da Silva. **Instituições de Direito Civil: Direito de Família**. 15 ed. Rio de Janeiro: Editora Forense, 2002, p. 16-17, v.3.

[6] DILL, Michele Amaral, Op., cit., Acesso em: 24 de out. 2014.

> A influência ou autoridade da mulher era quase nula, ou diminuída de toda a forma: não se justificava a mulher fora de casa. Ela estava destinada a inércia e a ignorância. Tinha vontade, mas era impotente, portanto, privada de capacidade jurídica. Consequentemente, na organização familiar, a chefia era indiscutivelmente do marido. Este era também o chefe da religião doméstica e, como tal, gozava de um poder absoluto, podendo inclusive vender o filho ou mesmo matá-lo.[7]

Assim, passou-se a formar na estrutura familiar um fator econômico de produção, nos quais existiam pequenas oficinas e manufaturas, comandadas, evidentemente, pelo homem.

Entretanto, tal característica não perdurou por muito tempo, pois viu-se que a função soberana, dantes exercida pelo *pater*, passou a ser mitigada.

> Nessa época, embora não houvesse direito algum às mulheres, nota-se o enfraquecimento da figura do homem como *pater*. Com o passar do tempo, a família romana, cada vez mais pautada na religião, passou a ser mais democrática, sendo que tanto o homem quanto a mulher administravam o lar, tomando decisões em conjunto. A contribuição da igreja para tal feito foi, indiscutivelmente, positiva, pois fundada no princípio da caridade, contribuiu

---

[7] PEREIRA, Rodrigo da Cunha. **Direito de Família: uma abordagem psicanalítica**. Belo Horizonte: Editora Del Rey, 2003, p. 25.

para que a mulher pudesse ter, por exemplo, seu patrimônio separado do homem e também da família.[8]

### 1.1.3. A Família na Pós-Modernidade

O que contribuiu para o enfraquecimento dos poderes do *pater* fora a Revolução Industrial.

Em razão dela, os homens passaram a se ausentar cada vez mais dos lares e das cidades, e desse modo, a família perdeu o seu papel eminentemente econômico, "*transferindo-se a sua função relevante para o âmbito espiritual, fazendo-se da família a instituição na qual mais se desenvolviam os valores morais, afetivos, espirituais e de assistência recíproca entre seus membros*".[9]

E é neste prisma que a partir do século XIX a família se constituiu. Com a ida do homem às fábricas, a mulher passa a adentrar os mercados de trabalho, interferindo sensivelmente nas estruturas familiares.

Ato contínuo, como toda a evolução gera consequências, esta não poderia ser diferente. Em virtude desta ascensão social da mulher, há de se observar duas características.

---

[8] OLIVEIRA, Melissa Barbieri. **A evolução das relações familiares e a desbiologização da paternidade**. Disponível em: http://e-revista.unioeste.br/index.php/fazciencia/article/download/7980/6703. Acesso em: 24 de out. 2014.

[9] VENOSA, Sílvio de Salvo, Op., cit., p. 3.

Primeiro, denota-se que a família fora direcionada à afeição, deixando de ser uma instituição voltada apenas a manter os bens e a honra. Nesse sentido, aduz Giselda Maria Fernandes Novaes Hironaka:

> Na idéia de família, o que mais importa – a cada um de seus membros, e a todos a um só tempo – é exatamente pertencer ao seu âmago, é estar naquele idealizado lugar onde é possível integrar sentimentos, esperanças e valores, permitindo, a cada um, se sentir a caminho da realização de seu projeto pessoal de felicidade.[10]

Por outro lado, constatou-se que diversos conflitos sociais foram gerados, visto que diante de pressões econômicas, ambos os cônjuges passaram a se ausentar cada vez mais de seus lares.

Desse modo, o número de divórcios aumentou e a nossa sociedade passou a enfrentar diferentes formas de se ver a família.

Destarte, alheio a estes conflitos sociais, o que sobressaiu foi a característica afetiva, por onde se observa que "*a família contemporânea passou a ser caracterizada pela diversidade, justificada pela incessante busca pelo afeto e felicidade*".[11]

---

[10] HIRONAKA, Giselda Maria Fernandes Novaes. **Família e casamento em evolução**. Revista Brasileira de Direito de Família. Porto Alegre, IBDFAM, 1999, p. 8, n. 1, v. 1.

[11] DILL, Michele Amaral, Op., cit. Acesso em: 11 de nov. 2014.

## 1.2. Inovações legislativas trazidas pela Constituição Federal de 1988

Com vigor no Brasil, a partir da promulgação da Constituição Federal de 1988, em especial através do artigo 226 e seguintes, deu-se início à proteção das novas características apresentadas pela nossa sociedade:

> **Art. 226.** A família, base da sociedade, tem especial proteção do Estado.
> § 1º O casamento é civil e gratuita a celebração.
> § 2º O casamento religioso tem efeito civil, nos termos da lei.
> § 3º Para efeito da proteção do Estado, é reconhecida a união estável entre o homem e a mulher como entidade familiar, devendo a lei facilitar sua conversão em casamento.
> § 4º Entende-se, também, como entidade familiar a comunidade formada por qualquer dos pais e seus descendentes.
> § 5º Os direitos e deveres referentes à sociedade conjugal são exercidos igualmente pelo homem e pela mulher.
> § 6º O casamento civil pode ser dissolvido pelo divórcio, após prévia separação judicial por mais de um ano nos casos expressos em lei, ou comprovada separação de fato por mais de dois anos.
> § 7º Fundado nos princípios da dignidade da pessoa humana e da paternidade responsável, o

> planejamento familiar é livre decisão do casal, competindo ao Estado propiciar recursos educacionais e científicos para o exercício desse direito, vedada qualquer forma coercitiva por parte de instituições oficiais ou privadas.
> § 8º - O Estado assegurará a assistência à família na pessoa de cada um dos que a integram, criando mecanismos para coibir a violência no âmbito de suas relações.[12]

Pela nova Constituição, consagrou-se a família de várias formas: casamento, união de fato, natural e adotiva. Assim, segundo leciona a Doutrinadora Maria Helena Diniz, as alterações foram trazidas pela diversidade e pelas características afetivas:

> (...) foram acolhidas, de modo a atender à preservação da coesão familiar e dos valores culturais, acompanhando a evolução dos costumes, dando-se à família moderna um tratamento legal mais consentâneo à realidade social, atendendo-se às necessidades da prole e de diálogo entre os cônjuges ou companheiros.[13]

---

[12] BRASIL. [Constituição Federal (1988)]. **Constituição da República Federativa do Brasil de 1988**. Brasília, DF: Presidência da República, [2024]. Disponível em: https://www.planalto.gov.br/ccivil_03/constituicao/constituicao.htm. Acesso em: 10 dez. 2024.

[13] DINIZ, Maria Helena. **Curso de Direito Civil Brasileiro**. Direito de Família. 28 ed. rev. atual., e ampl. São Paulo: Editora Saraiva, 2013, p. 32, v. 6.

Sobre as inovações, Belmiro Pedro Welter se pronuncia:

> Na leitura dos dispositivos constitucionais que albergam os interesses da família, a Constituição Federal, ao contrário da visão moderna de proteção exclusiva da entidade familiar, permitiu que se reconhecessem constitucionalmente, em perspectiva pós-moderna, dois princípios eventualmente, considerados antagônicos: proteção à unidade familiar e o de proteção aos filhos, considerados em sua individualidade.[14]

Desse modo, em que pese o direcionamento avesso às antigas legislações, o "*legislador deixou de oferecer proteção especial ao casamento, aos filhos legítimos, para priorizar a proteção da família à proteção dos filhos de forma igualitária*".[15]

Portanto, denota-se a importância trazida pela nova Ordem Constitucional, a Constituição "Cidadã", que em entendimento quase que uníssono na Doutrina, é a mais protetiva, em se tratando de família, do que todas as já vistas na história.

---

[14] WELTER, Pedro Belmiro. **Igualdade entre filiação biológica e socioafetiva**. São Paulo: Editora Revista dos Tribunais, 2003, p. 31.
[15] DILL, Michele Amaral, Op., cit. Acesso em: 11 de nov. 2014.

## 1.3. Conceito

Necessário se faz trazer o uso etimológico da palavra família. "*Advinda da expressão latina "famulus", que significa escravo doméstico, designava os escravos que trabalhavam de forma legalizada na agricultura familiar da tribos ladinas, situadas onde hoje se localiza a Itália".*[16]

Entretanto, em sua acepção original, está ligada ao grupo de pessoas efetivamente sujeitas ao poder do *pater famílias*, o que remete ao relato histórico apresentado acima, onde denotam-se as características apresentadas pelo Direito Romano.

Voltando à nossa Constituição, em especial ao artigo 226, temos que importantes declarações são feitas, acerca da entidade familiar, sendo os parágrafos 3º e 4º, verdadeiros indicadores do termo:

> **Art. 226.** A família, base da sociedade, tem especial proteção do Estado. [....]
> (...)
> § 3º Para efeito da proteção do Estado, é reconhecida a união estável entre homem e mulher

[16] SILVA, Mateus Soares da. **Uma breve análise quanto ao novo conceito de família, um avanço ou retrocesso social.** Disponível em: <http://www.direitonet.com.br/artigos/exibir/8426/Uma-breve-analise-quanto-ao-novo-conceito-de-familia-um-avanco-ou-retrocesso-social>. Acesso em: 25 de out. 2014.

> como entidade familiar, devendo a lei facilitar sua conversão em casamento.
> § 4º Entende-se, também, como entidade familiar a comunidade formada por qualquer dos pais e seus descendentes.[17]

Em nosso Código Civil, ao estabelecer as principais disposições sobre o casamento, denota-se um norte do que é a entidade familiar, conforme o primeiro artigo do Capítulo I, do Livro IV do Código Civil, que trata do Direito de Família. Por ele é previsto:

> *"**Art. 1.511.** O casamento estabelece comunhão plena de vida, com base na igualdade de direito e deveres dos cônjuges".*[18]

Importante trazer ainda, o conceito de dois consagrados Doutrinadores, primeiro, na visão de Maria Helena Diniz:

---

[17] BRASIL. [Constituição Federal (1988)]. **Constituição da República Federativa do Brasil de 1988**. Brasília, DF: Presidência da República, [2024]. Disponível em: <https://www.planalto.gov.br/ccivil_03/constituicao/constituicao.htm>. Acesso em: 10 dez. 2024.

[18] BRASIL. Lei nº 10.406, de 10 de janeiro de 2022. **Código Civil Brasileiro**. Brasília, DF: Presidência da República [2024]. Disponível em: <https://www.planalto.gov.br/ccivil_03/leis/2002/l10406compilada.htm. Acesso em: 10 dez. 2024>.

> Família no sentido amplíssimo seria aquela em que indivíduos estão ligados pelo vínculo da consanguinidade ou da afinidade. Já a acepção lato sensu do vocábulo refere-se aquela formada além dos cônjuges ou companheiros, e de seus filhos, abrange os parentes da linha reta ou colateral, bem coo os afins (os parentes do outro cônjuge ou companheiro). Por fim, o sentido restrito restringe a família à comunidade formada pelos pais (matrimônio ou união estável) e a da filiação.[19]

Em segundo lugar, no conceito de Orlando Gomes:

> O grupo fechado de pessoas, composto dos genitores e filhos, e para limitados efeitos, outros parentes, unificados pela convivência e comunhão de afetos, em uma só e mesma economia, sob a mesma direção.[20]

Ainda sobre a conceituação, impende destacar que a imensa maioria dos juristas, ressalta como elemento formador precípuo, o afeto.

Desse modo, ainda que não haja norma expressa neste sentido, nossa Carta Magna se inclina de forma genérica, conforme bem arguido por Paulo Lobo:

---

[19] DINIZ, Maria Helena, Op., cit., p. 9.

[20] GOMES, Orlando. **Direito de Família**. 11 ed. Rio de Janeiro:Editora Forense, 1998. p. 33.

> [...] os tipos de entidades familiares explicitados nos parágrafos do art. 226 da Constituição são meramente exemplificativos, sem embargo de serem os mais comuns, por isso mesmo merecendo referência expressa. As demais entidades familiares são tipos implícitos incluídos no âmbito de abrangência do conceito amplo e indeterminado de família, indicado no caput. Como todo conceito indeterminado, depende de concretização dos tipos, na experiência da vida, conduzindo à tipicidade aberta, dotada de ductilidade e adaptabilidade.[21]

## 1.4. Natureza jurídica

Devemos aqui destacar a importante intervenção do Estado no campo do Direito de Família, uma vez que ele deve visar e conceder às famílias maior proteção e propiciar melhores condições de vida às gerações novas.

Embora em alguns outros casos, a lei conceda liberdade de escolha e decisão aos familiares, a disponibilidade é relativa, limitada.

Entretanto, mesmo que haja a intervenção do Estado, não se pode afastar o caráter privado do instituto, pois está disciplinado num dos mais importantes setores do direito civil, e não envolve diretamente uma relação entre o Estado e o cidadão.

---

[21] LÔBO, Paulo. **Direito Civil – Famílias**. 2 ed. São Paulo: Editora Saraiva, 2009, p. 61.

> Desse modo, o direito de família, por sua própria natureza, é ordenado por grande número de normas de ordem pública. Essa situação, contudo, não converte esse ramo em direito público. As normas de ordem pública no direito privado têm por finalidade limitar a autonomia de vontade e a possibilidade de as partes disporem sobre suas próprias normas nas relações jurídicas.[22]

Portanto, mesmo que haja interferências do Direito Público, não se pode afastar da família o caráter de Direito Privado, uma vez que aquele só age de forma indireta e quando essencial para a manutenção de sua própria estrutura, afinal, "*não se pode conceber nada mais privado, mais profundamente humano do que a família, em cujo seio o homem nasce, vive, ama, sofre e morre*".[23]

## 1.5. Princípios norteadores

Arraigados nessas proteções, diversos princípios que regem o Direito de Família estão previstos em nossa Constituição. Ressalte-se que tais princípios previstos na

---

22 BASTOS. Maria Aparecida de. **Introdução ao Direito de Família**. Disponível em: <http://www.ucg.br/site_docente/jur/maria_aparecida/pdf/UCG%20-%20CIVIL%20VI%20-%20Introdu%E7%E3o%20ao%20Direito%20de%20Fam%EDlia.pdf>. Acesso em: 24 de out. 2014.

23 VENOSA, Sílvio de Salvo, Op., cit., p. 6.

Constituição Federal, são apenas exemplificativos e jamais se exaurem.

### 1.5.1. Princípio da Dignidade da Pessoa Humana

Basilar do Estado Democrático de Direito, está previsto no artigo 1º, inciso III, de nossa Carta Magna e "*constitui a base da comunidade familiar (biológica ou socioafetiva), garantindo, tendo por parâmetro a afetividade, o pleno desenvolvimento e a realização de todos os seus membros*".[24]

> O reduto intangível de cada indivíduo e, neste sentido, a última fronteira contra quaisquer ingerências externas. Tal não significa, contudo, a impossibilidade de que se estabeleçam restrições aos direitos e garantias fundamentais, mas que as restrições efetivadas não ultrapassem o limite intangível imposto pela dignidade da pessoa humana.[25]

Tal princípio, conforme salientado por Flávio Tartuce, "*é o ponto central da discussão atual do Direito*

---

[24] DINIZ, Maria Helena, Op., cit., p. 37.
[25] SARLET, Ingo Wolfgang. **A eficácia dos direitos fundamentais**. 5 ed. Porto Alegre: Livraria do Advogado, 2005.

*de Família, entrando em cena para resolver várias questões práticas envolvendo as relações familiares".*[26]

Para exemplificar tal afirmação, o mesmo Doutrinador levantou três exemplos que coadunam ao princípio em comento.

Primeiro, ressalta a proteção ao bem de família, matéria já consolidada no Superior Tribunal de Justiça:

> O bem de família, tal como estabelecido em nosso sistema pela Lei 8.009/90, surgiu em razão da necessidade de aumento da proteção legal aos devedores, em momento de grande atribulação econômica decorrente do malogro de sucessivos planos governamentais. A norma é de ordem pública, de cunho eminentemente social, e tem por escopo resguardar o direito à residência ao devedor e sua família, assegurando-lhes condições dignas de moradia, indispensáveis à manutenção e à sobrevivência da célula familiar.[27]

---

[26] TARTUCE. Flávio. **Novos Princípios do Direito de Família Brasileiro**. Disponível em: <http://www.flaviotartuce.adv.br/artigos/Tartuce_princfam.doc>. Acesso em: 22 de out. 2014.

[27] BRASIL, República Federativa do. **Recurso Especial 715.259**. Relator: Min. Luis Felipe Salomão, Quarta Turma, julgado em 05.08.2010. Disponível em: http://academico.direito-rio.fgv.br/wiki/Execu%C3%A7%C3%A3o_da_obriga%C3%A7%C3%A3o_de_pagar_quantia_-_Luiz_Gustavo_de_Castro_Teixeira>. Acesso em: 24 de out. 2014.

Proteção esta, que atinge inclusive os bens de família pertencentes a pessoas singulares, tal como se apresenta na súmula 364, editada pela mesma corte: "*o conceito de impenhorabilidade de bem de família abrange também o imóvel pertencente a pessoas solteiras, separadas e viúvas*".[28]

Em seguida, cita a tendência doutrinária e jurisprudencial de aplicar a Dignidade da Pessoa Humana para relativizar ou mitigar a culpa nas ações de separação judicial, conforme abaixo se segue:

> EMENTA: APELAÇÃO CÍVEL. SEPARAÇÃO JUDICIAL. CULPA. DISCUSSÃO MITIGADA. PARTILHA DE BENS. ALIMENTOS EM FAVOR DA PROLE E DA GENITORA. 1. Existe a mitigação do debate referente ao culpado em ações de separação diante da emergente valorização da dignidade da pessoa humana amparada no primeiro artigo da Constituição Federal. Demais disso, a tendência dos tribunais e da doutrina é afastar a discussão da culpa, pois a insuportabilidade da vida em comum (quebra da relação afetiva) manifestada por ambos os cônjuges possibilita a decretação da separação, nos termos do artigo 1.5733 c/c 1.5111, do CC/2002, prevalecendo o desejo deles em extinguir

---

[28] BRASIL, República Federativa do. Súmulas do STJ. Disponível em: https://scon.stj.jus.br/SCON/pesquisar.jsp?operador=e&b=SUMU&ordenacao=MAT%2CTIT%2CORD&thesaurus=JURIDICO&l=100&i=1&p=true&livre=364&inde=. Acesso em: 10 de dez. 2024.

> a sociedade conjugal, sem atribuição de culpa aos consortes [...][29]

Por fim, o Doutrinador destaca a tese do abandono paterno-filial ou teoria do desamor, sobre o qual, vem obtendo-se o entendimento de que o abando afetivo é apto a ensejar indenizável dano moral. Ponto esse, que guarda estreita relação com o objeto do presente livro.

Sobre o assunto, Rolf Madaleno escreve:

> [...] justamente por conta das separações e dos ressentimentos que remanescem na ruptura da sociedade conjugal, não é nada incomum deparar com casais apartados, usando os filhos como moeda de troca, agindo na contramão de sua função parental e pouco se importando com os nefastos efeitos de suas ausências, suas omissões e propositadas inadimplências dos seus deveres. Terminam os filhos, experimentando vivências de abandono, mutilações psíquicas e emocionais, causadas pela rejeição de um dos pais e que só servem para magoar o genitor guardião. Como bombástico e suplementar efeito, baixa a níveis

---

[29] BRASIL, República Federativa do. **Apelação Cível 314670-02.2008.8.09.0086**. Relator: DES. Stenka Isaac Neto, Terceira Câmara Cível, julgado em 05.03.2012, DJE 07.03.2012.TJGO. Disponível em: http://www.jusbrasil.com.br/diarios/35009533/djgo-secao-i-07-03-2012-pg-194. Acesso em: 26 de out. 2014.

irrecuperáveis a auto-estima e o amor próprio do filho enjeitado pela compreensão dos pais.[30]

### 1.5.2. Princípio da Igualdade Jurídica entre os Cônjuges

Previsto no artigo 226, § 5º da Constituição Federal, sobre o qual, "*os direitos e deveres referentes à sociedade conjugal serão exercidos livremente pelo homem e pela mulher"*;[31] fora introduzido pelo Estatuto da Mulher (Lei 4.121/62) que aboliu a incapacidade relativa da mulher casada, bem como, o poder marital.

Assim como visto no relato histórico, trata-se de conquista revolucionária alcançada pelas mulheres, o que, juntamente com o início da atribuição de direitos aos filhos – inclusive àqueles à época chamados de "ilegítimos -, traduziu-se como uma gigantesca evolução social.

Influenciado pelo Direito Romano, o Código Civil de 1916 perdurou por muito tempo e por isso, não acompanhou as evoluções apresentadas pelas famílias.

---

[30] ROLF, Madaleno. **O preço do afeto**. In Tânia da Silva Pereira e Rodrigo da Cunha Pereira (Coord.). A ética da convivência familiar: questões polêmicas no cotidiano dos tribunais. Disponível em: <http://www.oab.org.br/editora/revista/revista_07/anexos/a_questao_do_dano_moral.pdf>. Acesso em: 26 de out. 2014.

[31] BRASIL. [Constituição Federal (1988)]. **Constituição da República Federativa do Brasil de 1988**. Brasília, DF: Presidência da República, [2024]. Disponível em: https://www.planalto.gov.br/ccivil_03/constituicao/constituicao.htm. Acesso em: 14 dez. 2024.

Por ele, assim como nas relações do *pater familiare*, o marido era tido como o chefe da relação conjugal, competindo-lhe a administração dos bens comuns e particulares da mulher; o direito de fixar o domicílio da família e o dever de prover a manutenção desta.

Assim, como exposto acima, o antigo Código apresentava uma série de vedações e restrições aos atos da mulher e alguns direitos e deveres exclusivos do marido.

Mas a família evoluiu e trouxer novos contornos, conforme se observa:

> O patriarcalismo não mais se coaduna com a época atual, nem atende os anseios do povo brasileiro; por isso, juridicamente, o poder do marido é substituído pela autoridade conjunta e indivisa, não mais se justificando a submissão legal da mulher. Há uma equivalência de papéis, de modo que a responsabilidade pela família passa a ser dividida igualmente entre o casal.[32]

Logicamente influenciado pelo advento da Constituição Federal de 1988, o Código Civil atual dispõe os direitos e deveres do marido e da mulher em sistema de co-gestão, por onde se dá a ambos os consortes um "poder de decisão", por exemplo, no que se refere:

---

[32] DINIZ, Maria Helena, Op., cit., p. 19.

> [...] ao domicílio, que deverá ser fixado pelo casal e não mais unilateralmente pelo marido (art. 1.569). Terá, ainda, qualquer dos cônjuges, o direito de recorrer ao juiz para fazer prevalecer a sua vontade, desde que as questões essenciais ao interesse do casal e dos filhos e não se trate de matéria personalíssima (arts. 1.511 e 1.567, parágrafo único).[33]

Dessa forma, não há mais, diante da promulgação da atual Constituição Federal e posteriormente do atual Código Civil, qualquer menção à diferenciação de direitos e deveres do marido e da mulher, pelo contrário, o que ser observa é a mais plena paridade.

No entanto, não se pode negar que, assim como ocorre com outras minorias, é inadmissível negar às mulheres os direitos decorrentes do matrimônio, especialmente considerando que, em muitas ocasiões, elas abdicam de suas carreiras profissionais para se dedicar ao cuidado da família. O julgado abaixo ilustra essa questão:

> ALIMENTOS. IGUALDADE DOS CÔNJUGES. HIPÓTESE EM QUE A MULHER NÃO PODE FICAR TOTALMENTE SEM ALIMENTOS, POIS QUE OS PRINCÍPIOS GRANDIOSOS DA IGUALDADE JURÍDICA ENTRE OS CÔNJUGES E ENTRE HOMEM

---

[33] Idem, p. 23.

> E MULHER NÃO PODEM SE TRANSFORMAR, EM CASOS CONCRETOS, EM FATOS DE DESTRUIÇÃO DA MULHER. O TEMA DA IGUALDADE NÃO PODE SER TRATADO APENAS NO PLANO GENÉRICO E ABSTRATO.[34]

### 1.5.3. Princípio da igualdade jurídica entre os filhos

Ínsito no artigo 227, § 6º, da Constituição Federal e repetido no atual Código Civil, nos artigos 1.596 a 1.629, iguala a condição de filhos, sejam eles havidos ou não na constância do casamento.

Assim como no princípio do tópico anterior (1.5.2.), rege-se perquirindo a isonomia constitucional, constante do artigo 5º, caput, da Carta Magna, que prevê:

> **Art. 5º, *caput*.** Todos são iguais perante a lei, sem distinção de qualquer natureza, garantindo-se aos brasileiros e aos estrangeiros residentes no País a inviolabilidade do direito à vida, à liberdade, à igualdade, à segurança e à propriedade, nos termos seguintes [...][35]

---

[34] RIO GRANDE DO SUL (ESTADO). **Apelação Cível 596038307.** Relator: Des. Sérgio Gischkow Pereira, Oitava Câmara Cível, julgado em: 02.05.1996. Disponível em: <http://tj-rs.jusbrasil.com.br/jurisprudência/9256538/apelação-civel-ac-596038307-rs-tjrs>. Acesso em: 15 de nov. 2014.

[35] BRASIL. [Constituição Federal (1988)]. **Constituição da República Federativa do Brasil de 1988**. Brasília, DF: Presidência da República, [2024]. Disponível em:

Perquirindo tal isonomia, nosso ordenamento acatou quatro posições, a saber:

> [...] a não distinção entre filhos legítimos, naturais e adotivos, quanto ao nome, direitos, poder familiar, alimentos e sucessão; a permissão ao reconhecimento de filhos havidos fora do casamento; a proibição de que se revele no assento do nascimento a ilegitimidade simples ou espuriedade; e por fim, a vedação a designações discriminatórias relativas à filiação.[36]

Tal como manifesta Flávio Tartuce, essa igualdade também abrange:

> [...] os filhos adotivos e aqueles havidos por inseminação heteróloga (com material genético de terceiro). (...) isso repercute tanto no campo patrimonial quanto no pessoal, não sendo admitida qualquer forma de distinção jurídica, sob as penas da lei.[37]

Extrai-se também, ser mais uma conquista atingida pelas características da diversidade e da afetividade, que

---

https://www.planalto.gov.br/ccivil_03/constituicao/constituicao.htm. Acesso em: 14 dez. 2024.

[36] DINIZ, Maria Helena, Op., cit., p. 36-37.

[37] TARTUCE, Flávio, Op., cit. Acesso em: 27 de out. 2014.

adentraram no contexto da família brasileira durante o transcurso da história e das necessidades da vida moderna.

### 1.5.4. Princípio da paternidade responsável e do planejamento familiar

Dispõe o artigo 226, parágrafo 7º da Constituição Federal:

> **Art. 226.** A família, base da sociedade, tem especial proteção do Estado.
> [...]
> **§ 7º** Fundado nos princípios da dignidade da pessoa humana e da paternidade responsável, o planejamento familiar é livre decisão do casal, competindo ao Estado propiciar recursos educacionais e científicos para o exercício desse direito, vedada qualquer forma coercitiva por parte de instituições oficiais ou privadas.[38]

Refere-se o presente princípio à responsabilidade inerente aos pais de se construir uma família, observadas as condições inerentes ao casal. O estado não poderia

---

[38] BRASIL. [Constituição Federal (1988)]. **Constituição da República Federativa do Brasil de 1988**. Brasília, DF: Presidência da República, [2024]. Disponível em: https://www.planalto.gov.br/ccivil_03/constituicao/constituicao.htm. Acesso em: 10 dez. 2024.

intervir, manifestando a sua contrariedade ou impondo restrições à procriação.

Para aclarar o entendimento, é possível mencionar a Lei nº 9263/96 que veio regulamentar o parágrafo do artigo supracitado. Em seu artigo 2º, entende o planejamento familiar como "*o conjunto de ações de regulação da fecundidade que garanta direitos iguais de constituição, limitação ou aumento da prole pela mulher, pelo homem ou pelo casal".*[39]

Destarte, infere-se que o princípio da paternidade responsável, está implicitamente inserido nesta lei.

Cita-se o artigo 27 do Estatuto da Criança e do Adolescente como exemplo. Nele, dispõe-se que "*o reconhecimento do estado de filiação é direito personalíssimo, indisponível e imprescritível, podendo ser exercitado contra os pais ou seus herdeiros, sem qualquer restrição, observado o segredo de Justiça".*[40]

Portanto, trata-se de garantias que asseguram e dão maior efetividade ao exercício do direito de filiação, uma vez que, no Código Civil anterior sempre fora suplantado o direito da criança e do adolescente, quando

---

[39] BRASIL, República Federativa do. **Lei ordinária n.º 9263/96**. Disponível em: <http://www.planalto.gov.br/ccivil_03/leis/l9263.htm>. Acesso em: 27 de out. 2014.

[40] BRASIL. [Constituição Federal (1988)]. **Constituição da República Federativa do Brasil de 1988**. Brasília, DF: Presidência da República, [2024]. Disponível em: <https://www.planalto.gov.br/ccivil_03/constituicao/constituicao.htm>. Acesso em: 10 dez. 2024.

esses eram considerados ilegítimos em virtude de casos adulterinos e incestuosos.

### 1.5.5. Princípio da Afetividade

Imperiosa no estudo ora apresentado, a afetividade é o principal fator das constantes evoluções do Direito de Família.

Assevera Maria Helena Diniz, que ante a nova concepção de família, muitos juristas apontam um certa "crise da família", consubstanciados nos seguintes pontos:

> [...] a) ao desaparecimento da organização patriarcal que vigorou no Brasil por todo o século passado; b) à substituição da autoridade parental pela estatal, que intervém, cada vez mais na família, protegendo-a, na medida em que os poderes privados declinam [...]; c) à relação numérica do grupo familiar em razão do controle de natalidade [...], d) ao enfraquecimento da direção interna da família, ante a necessidade econômica que leva a mulher a exercer atividades fora do lar; e) à diminuição da coesão familiar, em virtude da maior dependência do menor, que muito cedo começa a trabalhar, nos meios menos favorecidos pela fortuna; f) à instituição do divórcio sem exigência de qualquer prazo, que abala a estrutura

> essencial do matrimônio; g) a tutela funcionalizada da entidade familiar.[41]

Entretanto, brilhantemente refuta as teses apresentadas, ressaltando, por ocasião da mudança de vários conceitos básicos, o caráter moderno destinado à família atual. Ademais, ressalta a necessidade de um maior diálogo e do levantamento de questionamentos para análise dos fatos atuais, pendendo sempre em direção à característica afetiva.

Dessa maneira, nos esclarece:

> Deveras, a família está passando por profundas modificações, mas como organismo natural ela não se acaba e como organismo jurídico está sofrendo uma nova organização; logo não há desagregação ou crise. Nenhuma dessas mudanças legislativas abalará a estrutura essencial da família e do matrimônio, que é sua pedra angular.[42]

Já Flávio Tartuce, adentra especificamente na matéria que ora se apresenta esse estudo, citando o trabalho de João Baptista Vilella, escrito no início da década de 1980, como um marco da atenção à afetividade, em que tratara da "desbiologização" da paternidade.

---

[41] DINIZ, Maria Helena, Op., cit., p. 38-39.
[42] Idem, p. 39.

Frisa que "*o princípio da afetividade vem sendo muito bem aplicado, com o reconhecimento da parentalidade socioafetiva, predominante sobre o vínculo biológico*".[43] Ponto este que adentraremos mais profundamente nos próximos capítulos.

---

[43] TARTUCE. Flávio, Op., cit. Acesso em: 27 de out. 2014.

# 2 DAS RELAÇÕES DE PARENTESCO

## 2.1. Disposições gerais

Em linhas abertas, a doutrina costuma elencar fontes que dão origem aos parentescos civis.

Carlos Roberto Gonçalves considera que "*as pessoas unem-se em uma família em razão de vínculo conjugal ou união estável, de parentesco por consanguinidade ou outra origem, e da afinidade*".[44]

Impende destacar a união estável e o parentesco "de outra origem", visto que são fontes relativamente novas e merecem maior atenção ao deslinde desse estudo.

Para tanto, observamos a advertência de Sílvio Venosa, que nos traz a fontes acima elencadas, mas ressalta o panorama atual das novas famílias:

> As fontes das relações de família são o casamento, o parentesco, a afinidade e a adoção. Não se pode esquecer atualmente da socioafetividade, como outra fonte do parentesco, como já faz o Projeto n.º 2.285/2007 (Estatuto das Famílias), bem como da união estável.[45]

---

[44] GONÇALVES, Carlos Roberto. **Direito Civil Brasileiro**. Direito de Família.10 ed. São Paulo: Editora Sariva, 2013, p. 310, v. 6.
[45] VENOSA, Sílvio de Salvo, Op., cit., p. 219.

Desse modo, o Parentesco é:

> [...] a relação vinculatória existente não só entre pessoas que descendem umas das outras ou de um mesmo tronco, comum, mas também entre um cônjuge ou companheiro e os parentes do outro, entre o adotante e adotado e entre pai institucional e filho socioafetivo.[46]

Indispensavelmente, cabe enfatizar que a distinção na conceituação das modalidades de parentesco, tão-somente deve ser feita de maneira técnica, uma vez que a nossa Constituição atual extirpou qualquer forma de diferenciação no tratamento dos filhos, assim como já exposto no tópico 1.5.3, onde se observara a igualdade jurídica entre eles. Nesta seara:

> Ainda que persista importância na conceituação técnica de filiação legítima e ilegítima, adulterina e incestuosa, tudo que for examinado a respeito dos filhos e seus respectivos direitos, a partir da vigente Carta, deve ter sempre em mira o princípio igualitário constitucional.[47]

---

[46] DINIZ, Maria Helena, Op., cit., p. 432.
[47] VENOSA, Sílvio de Salvo, Op., cit., p. 222.

Desse modo, assim como apresentado pela maioria dos doutrinadores da matéria, mister se faz apresentar a conceituação, espécies e modalidades, apenas com a finalidade didática, uma vez que já se tornou inadmissível tal discriminação.

## 2.2. Classes: linhas e graus

### 2.2.1. Linha reta

Dispõe o Artigo 1.591 do Código Civil, serem parentes em linha reta, *"as pessoas que estão umas para com as outras na relação de ascendentes e descendentes"*.[48]

Carlos Roberto Gonçalves cita três importantes efeitos desta linha de parentesco. Primeiro, o dever de assistência recíproca entre os descendentes e ascendentes:

> [...] "o dever de assistir, criar e educar os filhos menores", imposto aos pais pelo art. 229 da Constituição Federal, que também atribui aos filhos maiores o encargo de "ajudar e amparar os pais na velhice, carência ou enfermidade"; o direito deferido aos parentes, no art. 1.694 do Código Civil,

---

[48] BRASIL. Lei nº 10.406, de 10 de janeiro de 2022. **Código Civil Brasileiro**. Brasília, DF: Presidência da República [2024]. Disponível em: https://www.planalto.gov.br/ccivil_03/leis/2002/l10406compilada.htm. Acesso em: 10 dez. 2024.

de pedirem uns aos outros "os alimentos de que necessitem para viver de modo compatível a sua condição social".[49]

Segundo, os efeitos na sucessão: "*a indicação dos descendentes e ascendentes, no art. 1.829, como sucessores legítimos, e como herdeiros necessários, no art. 1.845".*[50]

E terceiro, "*pela inclusão da aludida relação no rol de impedimentos absolutos à realização do casamento, em consequência do vínculo da consanguinidade",*[51] tal como será exposto logo abaixo.

### 2.2.2. Linha Colateral

Prevista no artigo seguinte, a linha colateral "*é composta pelas pessoas provenientes de um só tronco, sem descenderem uma da outra, até o quarto grau".*[52]

Assim como fez em relação à linha reta, o mesmo doutrinador elencou efeitos importantes do parentesco colateral, conforme se observa:

---

[49] GONÇALVES, Carlos Roberto. Op. cit., p. 314.
[50] Idem, p. 314.
[51] Ibidem, p. 314.
[52] BRASIL. Lei nº 10.406, de 10 de janeiro de 2022. **Código Civil Brasileiro**. Brasília, DF: Presidência da República [2024]. Disponível em: https://www.planalto.gov.br/ccivil_03/leis/2002/l10406compilada.htm. Acesso em: 14 dez. 2024.

> Dentre outros efeitos do parentesco colateral, assinala-se o que acarreta, até o terceiro grau inclusive, impedimento para o casamento (CC, art. 1.521, IV); a obrigação de pagar alimentos aos parentes necessitados extensiva aos irmãos que são colaterais de segundo grau (art. 1.697); o chamamento para suceder somente dos colaterais até o quarto grau, no âmbito do direito das sucessões (art. 1.839), bem como, a adoção do princípio de que os mais próximos excluem os mais remotos (art. 1.840).[53]

Portanto, é essencial reconhecer as diferenças entre as diversas linhas de parentesco, considerando que elas geram efeitos específicos e particularizados.

### 2.2.3. Contagem de graus

Vimos que no trecho apresentado, Gonçalves citou ainda graus de parentesco que, dependendo de seus níveis de alcance, podem limitar direitos, ou mesmo, impor deveres.

Assim, observa-se que "*dentro das linhas há graus de parentesco que se definem pela proximidade do ancestral comum. Grau é a distância que vai de uma*

[53] GONÇALVES, Carlos Roberto. Op. cit., p. 315.

*geração a outra. Geração é a relação que existe entre gerador e gerado*".[54]

A diferença existente entre as duas linhas baseia-se no fato de que "*na linha reta, a contagem de graus é infinita, onde cada geração refere-se a um grau, e na linha colateral, limita-se até o quarto grau*".[55] Conforme já havíamos observado pelo disposto no artigo 1.592 do Código Civil.

A linha colateral observa o mesmo critério de contagem do grau de parentesco observado na linha reta, ou seja, também se contam pelo número de gerações.

Entretanto, observemos o que dispõe a parte final do artigo 1.594:

> **Art. 1.594.** Contam-se, na linha reta, os graus de parentesco pelo número de gerações, e, na colateral, também pelo número delas, subindo de um dos parentes até o ascendente comum e descendo até encontrar o outro parente".[56]

Tal disposição resulta em uma peculiaridade, qual seja:

---

[54] VENOSA, Silvio de Salvo. Op. cit., p. 220.
[55] Idem, p. 223.
[56] BRASIL. Lei nº 10.406, de 10 de janeiro de 2022. **Código Civil Brasileiro**. Brasília, DF: Presidência da República [2024]. Disponível em: https://www.planalto.gov.br/ccivil_03/leis/2002/l10406compilada.htm. Acesso em: 14 dez. 2024.

> [...] de que o parentesco mais próximo na linha colateral é o de segundo grau, existente entre irmãos. Não há parentesco em primeiro na linha colateral, porque quando contamos uma geração ainda estamos na linha reta.[57]

Neste mesmo sentido, Venosa nos acrescenta a classificação do parentesco colateral em igual e desigual:

> Conforme a lei civil, o parentesco na linha colateral ou oblíqua deve ser contado galgando-se até o ancestral comum, para depois se atingir o parente em questão. [...] pode ser igual ou desigual, conforme seja igual ou não a distância das gerações. Os irmãos são colaterais na mesma distância. Tio e sobrinho possuem parentesco desigual porque o tio dista do avô em um grau, enquanto o sobrinho dista dois graus desse mesmo ascendente. Percebemos, portanto, que não existe parentesco em primeiro grau na linha colateral. O irmão, colateral mais próximo, é parente em segundo grau, porque se computa como primeiro grau o pai, que é o ancestral comum. O tio, irmão do pai ou da mãe, e os sobrinhos filhos do irmão, são colaterais em terceiro grau e assim por diante. Nessa forma, nossa lei atual entende que o parentesco colateral existe até o quarto grau (art. 1.592).[58]

---

[57] GONÇALVES, Carlos Roberto. Op. cit., p. 315.

[58] VENOSA, Silvio de Salvo. Op., cit. p. 223.

## 2.3. Modalidades

### 2.3.1. Consangüinidade

Carrega em seu bojo a forte característica da ancestralidade, do DNA, ou seja, *"o vínculo entre pessoas descendentes de um mesmo tronco ancestral, portanto ligadas, umas às outras, pelo mesmo sangue".*[59]

Entretanto, é importante frisar que o parentesco não abrange somente fatores biológicos.

Como bem apresentado pelo artigo 1.593 do Código Civil, "*o parentesco é natural ou civil, conforme resulte de consangüinidade ou outra origem".*[60]

Sendo assim, quais então seriam essas "outras origens"?

Venosa nos esclarece:

> Há de se verificar que o nosso Código distingue o parentesco natural do parentesco civil, conforme resulte de consangüinidade ou outra origem. A outra origem citada diz respeito ao vínculo da adoção e às uniões estáveis. [...] Nesse campo, quanto à outra origem do parentesco, deve ser levada em conta também a denominada filiação

---

[59] DINIZ, Maria Helena, Op., cit., p. 483.

[60] BRASIL. Lei nº 10.406, de 10 de janeiro de 2022. **Código Civil Brasileiro**. Brasília, DF: Presidência da República [2024]. Disponível em: https://www.planalto.gov.br/ccivil_03/leis/2002/l10406compilada.htm. Acesso em: 14 dez. 2024.

> socioafetiva. Embora não tenha sido mencionada expressamente no Código, trata-se de fenômeno importante no campo da família e que vem cada vez mais ganhando espaço na sociedade e nos tribunais. [...] Toda essa elasticidade de interpretação é doutrinária e jurisprudencial. Melhor seria que o legislador tivesse acolhido expressamente esses novos aspectos.[61]

Apresentada esta modalidade de parentesco, partimos à outra definição.

### 2.3.2. Afinidade

Segundo Washington de Barros Monteiro:

> A afinidade é o liame jurídico que se estabelece entre cada consorte ou companheiro e os parentes do outro, mantendo certa analogia com o parentesco consangüíneo no que concerne à determinação das linhas e graus.[62]

---

[61] VENOSA, Sílvio de Salvo, Op., cit., p. 221.
[62] VENOSA, Sílvio de Salvo, Op., cit., p. 225.

Pela disposição do artigo 1.595, caput, do Código Civil, temos que, *"cada cônjuge ou companheiro é aliado aos parentes do outro pelo vínculo da afinidade"*.[63]

Desse modo, diferentemente do que ocorre em relação ao vínculo de parentesco consangüíneo, a afinidade só se configura como modalidade de parentesco por derivar de disposição legal.

A disposição acima atinge elevado grau de importância, posto que passa a considerar o sujeito que contrai núpcias ou que viva em união estável, membro integrante da família do cônjuge/companheiro, inclusive contando-se o grau de parentesco da mesma forma.

> A afinidade possui simetria com a contagem de graus no parentesco. [...] Trata-se, pois, de uma contagem derivada. Desse modo, a afinidade ocorre tanto na linha reta, como na linha colateral. Assim, o sogro e a sogra são afins em primeiro grau, os cunhados são afins em segundo grau etc.[64]

Entretanto, trazem importantes efeitos os parágrafos 1º e 2º do mesmo artigo:

> **Art. 1.595.** [...]

---

[63] BRASIL. Lei nº 10.406, de 10 de janeiro de 2022. **Código Civil Brasileiro**. Brasília, DF: Presidência da República [2024]. Disponível em: https://www.planalto.gov.br/ccivil_03/leis/2002/l10406compilada.htm. Acesso em: 14 dez. 2024.

[64] Idem, Op., cit., p. 224.

> §1.º O parentesco por afinidade limita-se ao ascendentes, descendentes e aos irmãos do cônjuge ou companheiro.
> §2.º Na linha reta, a afinidade não se extingue com a dissolução do casamento ou da união estável.[65]

Disto decorre, que se eventualmente ocorrer o desfazimento do vínculo conjugal ou da união estável, teremos que pela linha colateral, automaticamente se extinguirá o vínculo do parentesco por afetividade, o que poderá se traduzir na hipótese de que o viúvo ou divorciado possa se casar com a ex-cunhada.

No entanto, já não é o que ocorre pelo disposto no §2.º do aludido artigo, conforme bem alertado por Carlos Roberto Gonçalves, "*o §2.º fora motivado pelo artigo 1.521, II, do mesmo diploma, que também se aplica à união estável (art. 1.723, § 1.º)*"[66], conforme se observa:

> **Artigo 1.521.** Não podem casar:
> I – os ascendentes com os descendentes, seja parentesco natural ou civil;
> II – os afins em linha reta;
> [...].[67]

---

[65] BRASIL. Lei nº 10.406, de 10 de janeiro de 2022. **Código Civil Brasileiro**. Brasília, DF: Presidência da República [2024]. Disponível em: https://www.planalto.gov.br/ccivil_03/leis/2002/l10406compilada.htm. Acesso em: 14 dez. 2024.

[66] GONÇALVES, Carlos Roberto. Op., cit., p. 317.

[67] BRASIL. Lei nº 10.406, de 10 de janeiro de 2022. **Código Civil Brasileiro**. Brasília, DF: Presidência da República [2024]. Disponível em:

O judiciário brasileiro, em julgados difundidos pelo país, ressalta a importância de se reconhecer o parentesco, que, caso não caracterizado, pode ser causa de ilegitimidade do Autor em ações que tenham como sujeito passivo pessoa incapaz, como é nos casos das ações de interdição:

> DIREITO CIVIL. AÇÃO DE INTERDIÇÃO. AJUIZAMENTO PELA MADRINHA DE BATISMO DO INTERDITANDO. NÃO COMPROVAÇÃO DA RELAÇÃO DE PARENTESCO. ILEGITIMIDADE ATIVA AD CAUSAM FLAGRANTE. ARTS. 1.591 , 1.592 , 1.595 e 1.768 , TODOS DO CÓDIGO CIVIL DE 2002 C/C ARTS. 267 , INC. IV E § 3º , 333 , INC. I , E 1.180 , TODOS DO CÓDIGO DE PROCESSO CIVIL . EXTINÇÃO DO PROCESSO SEM RESOLUÇÃO DO MÉRITO. RECURSOS PREJUDICADOS. As condições da ação, matérias de ordem pública que são, devem ser apreciadas a qualquer tempo e grau de jurisdição. São partes legítimas ao pleito de interdição, os pais, os tutores, o cônjuge, os parentes e, por fim, o Ministério Público. A madrinha de batismo do interditando, porque, na hipótese, não é parente, não goza de legitimidade ativa, razão pela qual a solução extintiva do feito,

---

https://www.planalto.gov.br/ccivil_03/leis/2002/l10406compilada.htm. Acesso em: 14 dez. 2024.

> sem resolução do mérito, é desfecho que se impõe.[68]

---

[68] BRASIL, República Federativa do. **Apelação Cível 2006.032878-6**. Relator: Des. Eládio Torret Rocha, Quarta Câmara Cível, julgado em 16.05.2008. Disponível em: <http://www.jusbrasil.com.br/diarios/73581173/djpa-28-07-2014-pg-642>. Acesso em: 10 de nov. 2014.

# 3 A EVOLUÇÃO DA FILIAÇÃO NO BRASIL

## 3.1. Filiação biológica

Segundo Silvio Rodrigues, *"Filiação é a relação de parentesco consanguíneo, em primeiro grau e em linha reta, que liga uma pessoa aquelas que a geraram, ou a receberam como se as tivessem gerado"*.[69]

Por esse conceito não podemos nos esquecer das exceções aplicadas ao parentesco consanguíneo, que é brilhantemente retomada por Venosa:

> [...] no campo do Direito, por maior que seja a possibilidade da verdade técnica, nem sempre o fato natural da procriação corresponde à filiação como fato jurídico. O legislador procura o possível no sentido de fazer coincidir a verdade jurídica com a verdade biológica, levando em conta as implicações de ordem sociológica e afetiva que envolvem essa problemática.[70]

Tal como já exposto no breve arcabouço histórico apresentado, o que se tem hoje para que caracterizar a filiação, foi fruto das conquistas alcançadas pela Constituição Federal de 1988.

---

[69] RODRIGUES, Silvio. **Direito Civil**. 28 ed. Atualização de Francisco José Cahali. São Paulo: Editora Saraiva, 2004. p 297. v. 6.
[70] VENOSA, Sílvio de Salvo, Op., cit., p. 228.

E assim, mesmo que barreira do preconceito tenha sido superada, não se pode desprezar o que nos apresentava os conceitos antigos.

Carlos Roberto Gonçalves apresentou em sua doutrina as classificações contidas no Código Civil de 1916, a saber:

> Filhos *legítimos* eram os que procediam de justa núpcias. Quando não houvesse casamento entre os genitores, denominavam-se *ilegítimos* e se classificavam, por sua vez, em naturais e espúrios. *Naturais*, quando entre os pais não havia impedimento para o casamento. *Espúrios*, quando a lei proibia a união conjugal dos pais. Estes podiam ser *adulterinos*, se o impedimento resultasse do fato de um deles ou de ambos serem casados, e *incestuosos*, se decorresse do parentesco próximo, como entra pai e filha ou entre irmão e irmã.[71]

Fazendo-o dessa forma, trouxe-nos ao panorama atual, apontando que o Código Civil de 2002:

> [...] estabelece, para os filhos que procedem de justas núpcias, um presunção de paternidade e a forma de sua impugnação; para os havidos fora do casamento, critérios para o reconhecimento, judicial

[71] GONÇALVES, Carlos Roberto, Op., cit., p. 320.

ou voluntário; e, para os adotados, requisitos para a sua efetivação.[72]

Nesta senda, tomamos como base acerca da filiação, quatro pilares adotados pela legislação brasileira, "*decorrentes das seguintes origens: a) por consanguinidade; b) por adoção; c) por inseminação artificial heteróloga; d) em virtude de posse de estado de filiação*".[73]

A filiação decorrente da consanguinidade, carrega consigo a presunção relativa de paternidade (*iuris tantum),* que se origina na constância do casamento ou da união estável:

> **Art. 1.597.** Presumem-se concebidos na constância do casamento os filhos:
> I - nascidos cento e oitenta dias, pelo menos, depois de estabelecida a convivência conjugal;
> II - nascidos nos trezentos dias subsequentes à dissolução da sociedade conjugal, por morte, separação judicial, nulidade e anulação do casamento;
> III - havidos por fecundação artificial homóloga, mesmo que falecido o marido;

---

[72] Idem, p. 320.

[73] LÔBO, Paulo Luiz Netto. **Família e Dignidade Humana. Paternidade socioafetiva e o retrocesso da súmula nº 301/STJ.** Minas Gerais: IBDFAM, 2006, p. 797.

> IV - havidos, a qualquer tempo, quando se tratar de embriões excedentários, decorrentes de concepção artificial homóloga;
> V - havidos por inseminação artificial heteróloga, desde que tenha prévia autorização do marido.[74]

Desse modo, Maria Helena Diniz aponta que:

> A lei determina, portanto, o período no qual começa e termina a presunção da paternidade, considerando, aqui, uma dupla presunção: a de coabitação e fidelidade da mulher e a de reconhecimento implícito e antecipado da filiação feito pelo marido ao se casar [...].[75]

Por essa modalidade de filiação, "*nossa legislação entende que o marido tem o direito de contestar a paternidade dos filhos nascidos de sua mulher, sendo tal ação imprescritível*".[76]

O que já não ocorre nas demais modalidades de filiação:

---

[74] BRASIL. Lei nº 10.406, de 10 de janeiro de 2022. **Código Civil Brasileiro**. Brasília, DF: Presidência da República [2024]. Disponível em: https://www.planalto.gov.br/ccivil_03/leis/2002/l10406compilada.htm. Acesso em: 14 dez. 2024.
[75] DINIZ, Maria Helena, Op., cit., p. 499.
[76] VENOSA, Sílvio de Salvo. Op., cit., p. 235.

> O direito brasileiro não permite que os estados de filiação não consanguíneos, sejam contraditados por investigação de paternidade, com fundamento na ausência de origem biológica, pois são irreversíveis e invioláveis no interesse do filho.[77]

Mais especificamente, adentraremos às filiações não consanguíneas, derivadas da relação socioafetiva ou da multiparentalidade, em assunto de extrema relevância, que é a "posse do estado de filiação".

## 3.2. Posse do estado de filho

Caracteriza-se como "*a relação íntima, duradoura e afetiva, comprovada pela imagem perante terceiros como se filho fosse e pelo tratamento paterno filial, onde existe chamamento e consideração de pai e filho*".[78]

A maior parte da doutrina sugere a presença de três elementos "*que caracterizam a posse de estado de filho: nome (nomem), trato (tractus) e fama (fama)*".[79] Sendo que:

---

[77] LÔBO, Paulo Luiz Netto. Op. cit., p. 799.

[78] OLIVEIRA, Melissa Barbieri. Op. cit., Acesso em: 15 de nov. 2014.

[79] TOMASZEWSKI, Adauto de Almeida. Filiação Socioafetiva: A posse do estado de filho como critério indicador da relação paterno-filial e o direito à origem genética. Disponível em: <http://web.unifil.br/docs/juridica/03/Revista%20Juridica 03-1.pdf>. Acesso em: 15 de nov. 2014.

> O nome sugere a utilização do nome da família, porém, o fato de o filho nunca tê-lo usado não implica na descaracterização da posse do estado de filho, desde que observados outros elementos. O trato é o tratamento dispensado pelo suposto pai em relação ao suposto filho, criando-o e educando-o como tal. [...] Por fim, a fama é a exteriorização dessa realidade para o público, diante de atitudes do hipotético pai para com o hipotético filho, levando terceiros a acreditar que exista uma relação paterno-filial entre eles.[80]

José Bernardo Ramos Boeira nos esclarece:

> Posse do estado de filho é uma relação afetiva, íntima, e duradoura, caracterizada pela reputação frente a terceiros como se filho fosse, e pelo tratamento existente na relação paterno-filial, em que há o chamamento de filho e a aceitação do chamamento de pai.[81]

Por tais ensinamentos, vê-se que não mais se observa o estado de filiação relacionado tão-somente ao vínculo biológico, mas, sobretudo, à caracterização da filiação sociológica.

---

[80] Idem. Acesso em: 15 de nov. 2014.

[81] BOEIRA, José Bernardo Ramos. Investigação de paternidade: posse de estado de filho. Paternidade socioafetiva. Porto Alegre: Livraria do Advogado, 1999, p. 60.

Ademais, como ora apresentado na introdução deste livro, "*a posse de estado de filho é chamada a intervir nas relações quando há conflitos entre as paternidades ora existentes*".[82]

Por isso mesmo, "*a investigação da paternidade só é cabível quando não houver paternidade, nunca para desfazê-la*".[83] Nesse sentido, continua Paulo Luiz Netto Lobo, trazendo à baila o Princípio da Dignidade da Pessoa Humana:

> É incabível o fundamento da investigação de paternidade biológica para contraditar a paternidade socioafetiva já existente, no princípio da dignidade da pessoa humana, pois este é uma construção cultural e não um dado da natureza. Aliás, a contradição é evidente quando se maneja o princípio da dignidade humana com o intuito de assegurar a uma pessoa o direito à herança deixada pelo pretenso genitor, pois como disse Immanuel Kant em *Fundamentação da metafísica dos costumes*: a dignidade é tudo aquilo que não tem preço.[84]

O mesmo Doutrinador aponta algumas referências no Código Civil de 2002, que sob sua visão, inclinam-se como claras opções pelo paradigma da paternidade socioafetiva, inclusive, algumas já citadas neste livro, tais

---

[82] LÔBO, Paulo Luiz Netto. Op., cit., p. 798.
[83] Idem, p. 798.
[84] LÔBO, Paulo Luiz Netto. Op., cit., p. 798.

como a presença da expressão "outra origem", presente no artigo 1.593, ou mesmo, a já consagrada regra constitucional da igualdade dos filhos, contida no artigo 1.596.

Entretanto, o que ressaltou os olhos, fez referência ao contido no artigo 1.614, sobre o qual:

> **Art. 1.614.** O filho maior não pode ser reconhecido sem o seu consentimento, e o menor pode impugnar o reconhecimento, nos quatro anos que se seguirem à maioridade, ou à emancipação".[85]

Assim o fazendo:

> [...] Art. 1.614, continente de duas normas, ambas demonstrando que o reconhecimento do estado de filiação não é imposição da natureza ou de exame de laboratório, pois admitem a liberdade de rejeitá-lo. A primeira norma faz depender da eficácia do reconhecimento ao consentimento do filho maior; se não consentir, a paternidade, ainda que biológica, não será admitida; a segunda norma, faculta ao filho menor impugnar o reconhecimento ao consentimento da paternidade até quatro anos após adquirir a maioridade. Se o filho não quer o pai biológico, que não promoveu o registro após

---

[85] BRASIL. Lei nº 10.406, de 10 de janeiro de 2022. **Código Civil Brasileiro**. Brasília, DF: Presidência da República [2024]. Disponível em: https://www.planalto.gov.br/ccivil_03/leis/2002/l10406compilada.htm. Acesso em: 14 dez. 2024.

> seu nascimento, pode rejeitá-lo no exercício de sua liberdade e autonomia. Assim sendo, permanecerá o registro do nascimento constando apenas o nome da mãe.[86]

Em outras palavras, observa-se que indiretamente nosso Código Civil admitiu outras possibilidades, que não unicamente o fator consanguíneo/biológico, no que concerne ao estado de filiação.

## 3.3. Multiparentalidade

Pelo exposto no decorrer do livro, ao leitor poderiam pairar grandes dúvidas, se, a despeito da coexistência das filiações biológica e afetiva, estaria o filho obrigado a escolher entre uma e outra, ou mesmo, se o poder judiciário deve determinar qual destas deve prevalecer.

Veremos que a resposta para essas dúvidas se encontra numa terceira via, qual seja, a da multiparentalidade.

Isso porque, tanto a doutrina, quanto a jurisprudência, consolidaram o entendimento de que é possível cumular ambas as filiações:

---

[86] LÔBO, Paulo Luiz Netto. Op., cit., p. 800.

A paternidade socioafetiva, declarada ou não em registro público, não impede o reconhecimento do vínculo de filiação concomitante baseado na origem biológica, com os efeitos jurídicos próprios. STF. Plenário. RE 898.060/SC, Rel. Min. Luiz Fux, julgado em 21 e 22/09/2016 (Info 840).[87]

A possibilidade de cumulação da paternidade socioafetiva com a biológica contempla especialmente o princípio constitucional da igualdade dos filhos (art. 227, § 6º, da CF). Não se deve admitir que na certidão de nascimento conste o termo "pai socioafetivo", bem como não é possível afastar a possibilidade de efeitos patrimoniais e sucessórios quando reconhecida a multiparentalidade. Caso contrário, estar-se-ia reconhecendo a possibilidade de uma posição filial inferior em relação aos demais descendentes do genitor socioafetivo, violando o disposto nos arts. 1.596 do CC/2002 e 20 da Lei n. 8.069/1990. Portanto, reconhece-se a equivalência de tratamento e dos efeitos jurídicos entre as paternidades biológica e socioafetiva na hipótese de multiparentalidade. (STJ. 4ª Turma. REsp 1487596/MG, Rel. Min. Antonio Carlos Ferreira, julgado em 28/09/2021).[88]

---

[87] CAVALCANTE, Márcio André Lopes. **Os efeitos jurídicos das paternidades biológica e socioafetiva devem ser equivalentes**. Buscador Dizer o Direito, Manaus. Disponível em: <https://www.buscadordizerodireito.com.br/jurisprudencia/detalhes/fce34b6aef091b6fb2032870279690f8>. Acesso em: 13/12/2024

[88] CAVALCANTE, Márcio André Lopes. **Os efeitos jurídicos das paternidades biológica e socioafetiva devem ser equivalentes**. Buscador Dizer o Direito, Manaus. Disponível em:

Com a confirmação e consolidação do reconhecimento de uma família multiparental, podem surgir diversos efeitos e consequências jurídicas, como o dever de prestar alimentos, a definição da guarda, os direitos sucessórios, previdenciários, entre outros.

Infere-se, a partir deste estudo, que a evolução contemporânea da filiação acompanhou os avanços do Direito de Família, impulsionados pelo advento da Constituição Federal de 1988. Essa mudança propiciou formas menos discriminatórias, priorizando o vínculo afetivo como fundamento central. Tal perspectiva tem assegurado uma proteção efetiva à família, em oposição a visões arcaicas influenciadas por tradições religiosas ou costumes ultrapassados.

Assevera-se ainda que, quanto aos aspectos gerais do Direito de Família, foi essencial a ênfase nos princípios essenciais regentes desse ramo jurídico, pois estes além de orientar o meio de se proceder na seara familiar, dão base para solucionar eventuais conflitos existentes pela coexistência de dois tipos de filiação, a saber, a biológica e a socioafetiva.

Destarte, conclui-se que, sendo de fácil manejo e compreensão, o avanço da afetividade deu maior segurança aos filhos que se desvincularam do vínculo biológico, proporcionando para ele o caminho escorreito para que seus direitos enquanto filho fossem assegurados.

---

<https://www.buscadordizerodireito.com.br/jurisprudencia/detalhes/fce34b6aef091b6fb2032870279690f8>. Acesso em: 12/12/2024

# REFERÊNCIAS

BASTOS. Maria Aparecida de. **Introdução ao Direito de Família**. Disponível em: <http://www.ucg.br/site_docente/jur/maria_aparecida/pdf/UCG%20-%20CIVIL%20VI%20-%20Introdu%E7%E3o%20ao%20Direito%20de%20Fam%EDlia.pdf>. Acesso em: 24 de out. 2014.

BOEIRA, José Bernardo Ramos. **Investigação de paternidade: posse de estado de filho**. Paternidade socioafetiva. Porto Alegre: Livraria do Advogado, 1999, p. 60.

BRASIL, República Federativa do. **Apelação Cível 2006.032878-6**. Relator: Des. Eládio Torret Rocha, Quarta Câmara Cível, julgado em 16.05.2008. Disponível em: <http://www.jusbrasil.com.br/diarios/73581173/djpa-28-07-2014-pg-642>. Acesso em: 10 de nov. 2014.

BRASIL, República Federativa do. **Apelação Cível 314670-02.2008.8.09.0086**. Relator: DES. Stenka Isaac Neto, Terceira Câmara Cível, julgado em 05.03.2012, DJE 07.03.2012.TJGO. Disponível em: http://www.jusbrasil.com.br/diarios/35009533/djgo-secao-i-07-03-2012-pg-194. Acesso em: 26 de out. 2014.

BRASIL, República Federativa do. **Lei ordinária n.º 9263/96**. Disponível em: <http://www.planalto.gov.br/ccivil_03/leis/l9263.htm>. Acesso em: 27 de out. 2014.

BRASIL, República Federativa do. **Recurso Especial 715.259**. Relator: Min. Luis Felipe Salomão, Quarta Turma, julgado em 05.08.2010. Disponível em: http://academico.direito-rio.fgv.br/wiki/Execu%C3%A7%C3%A3o_da_obriga%C3%A7%C3%A3o_de_pagar_quantia_-_Luiz_Gustavo_de_Castro_Teixeira>. Acesso em: 24 de out. 2014.

BRASIL, República Federativa do. **Súmulas do STJ**. Disponível em: https://scon.stj.jus.br/SCON/pesquisar.jsp?operador=e&b=SUMU&ordenacao=MAT%2CTIT%2CORD&thesaurus=JURIDICO&l=100&i=1&p=true&livre=364&inde=. Acesso em: 10 de dez. 2024.

BRASIL. [Constituição Federal (1988)]. **Constituição da República Federativa do Brasil de 1988**. Brasília, DF: Presidência da República, [2024]. Disponível em: https://www.planalto.gov.br/ccivil_03/constituicao/constituicao.htm. Acesso em: 10 dez. 2024.

BRASIL. [Constituição Federal (1988)]. **Constituição da República Federativa do Brasil de 1988**. Brasília, DF: Presidência da República, [2024]. Disponível em: <https://www.planalto.gov.br/ccivil_03/constituicao/constituicao.htm>. Acesso em: 10 dez. 2024.

BRASIL. [Constituição Federal (1988)]. **Constituição da República Federativa do Brasil de 1988**. Brasília, DF: Presidência da República, [2024]. Disponível em: https://www.planalto.gov.br/ccivil_03/constituicao/constituicao.htm. Acesso em: 14 dez. 2024.

BRASIL. [Constituição Federal (1988)]. **Constituição da República Federativa do Brasil de 1988**. Brasília, DF: Presidência da República, [2024]. Disponível em: https://www.planalto.gov.br/ccivil_03/constituicao/constituicao.htm. Acesso em: 14 dez. 2024.

BRASIL. Lei nº 10.406, de 10 de janeiro de 2022. **Código Civil Brasileiro**. Brasília, DF: Presidência da República [2024]. Disponível em: <https://www.planalto.gov.br/ccivil_03/leis/2002/l10406compilada.htm. Acesso em: 10 dez. 2024>.

BRASIL. Lei nº 10.406, de 10 de janeiro de 2022. **Código Civil Brasileiro**. Brasília, DF: Presidência da República [2024]. Disponível em: https://www.planalto.gov.br/ccivil_03/leis/2002/l10406compilada.htm. Acesso em: 10 dez. 2024.

CAVALCANTE, Márcio André Lopes. **Os efeitos jurídicos das paternidades biológica e socioafetiva devem ser equivalentes**. Buscador Dizer o Direito, Manaus. Disponível em: <https://www.buscadordizerodireito.com.br/jurisprudencia/detalhes/fce34b6aef091b6fb2032870279690f8>. Acesso em: 13/12/2024

CAVALCANTE, Márcio André Lopes. **Os efeitos jurídicos das paternidades biológica e socioafetiva devem ser equivalentes**. Buscador Dizer o Direito, Manaus. Disponível em:

<https://www.buscadordizerodireito.com.br/jurisprudencia/detalhes/fce34b6aef091b6fb2032870279690f8>. Acesso em: 12/12/2024

DILL, Michele Amaral. **Evolução histórica e legislativa da família e da filiação**. Disponível em: <http://www.ambitojuridico.com.br/site/index.php?n_link=revista_artigos_leitura&artigo_id=9019#_ftn29>. Acesso em: 24 de out. 2014.

DINIZ, Maria Helena. **Curso de Direito Civil Brasileiro**. Direito de Família. 28 ed. rev. atual., e ampl. São Paulo: Editora Saraiva, 2013, p. 32, v. 6.

GONÇALVES, Carlos Roberto. **Direito Civil Brasileiro**. Direito de Família.10 ed. São Paulo: Editora Sariva, 2013, p. 310, v. 6.

HIRONAKA, Giselda Maria Fernandes Novaes. **Família e casamento em evolução**. Revista Brasileira de Direito de Família. Porto Alegre, IBDFAM, 1999, p. 8, n. 1, v. 1.

LÔBO, Paulo Luiz Netto. **Família e Dignidade Humana. Paternidade socioafetiva e o retrocesso da súmula nº 301/STJ.** Minas Gerais: IBDFAM, 2006, p. 797.

LÔBO, Paulo. **Direito Civil – Famílias**. 2 ed. São Paulo: Editora Saraiva, 2009, p. 61.

OLIVEIRA, Melissa Barbieri. **A evolução das relações familiares e a desbiologização da paternidade**. Disponível em:

http://e-revista.unioeste.br/index.php/fazciencia/article/download/7980/6703. Acesso em: 24 de out. 2014.

PEREIRA, Caio Mário da Silva. **Instituições de Direito Civil: Direito de Família**. 15 ed. Rio de Janeiro: Editora Forense, 2002, p. 16-17, v.3.

PEREIRA, Rodrigo da Cunha. **Direito de Família: uma abordagem psicanalítica**. Belo Horizonte: Editora Del Rey, 2003, p. 25.

RIO GRANDE DO SUL (ESTADO). **Apelação Cível 596038307**. Relator: Des. Sérgio Gischkow Pereira, Oitava Câmara Cível, julgado em: 02.05.1996. Disponível em: <http>//tj-rs.jusbrasil.com.br/jurisprudência/9256538/apelação-civel-ac-596038307-rs-tjrs>. Acesso em: 15 de nov. 2014.

RODRIGUES, Silvio. **Direito Civil**. 28 ed. Atualização de Francisco José Cahali. São Paulo: Editora Saraiva, 2004. p 297. v. 6.

ROLF, Madaleno. **O preço do afeto**. In Tânia da Silva Pereira e Rodrigo da Cunha Pereira (Coord.). A ética da convivência familiar: questões polêmicas no cotidiano dos tribunais. Disponível em: <http://www.oab.org.br/editora/revista/revista_07/anexos/a_questao_do_dano_moral.pdf>. Acesso em: 26 de out. 2014.

SARLET, Ingo Wolfgang. **A eficácia dos direitos fundamentais**. 5 ed. Porto Alegre: Livraria do Advogado, 2005.

SILVA, Mateus Soares da. **Uma breve análise quanto ao novo conceito de família, um avanço ou retrocesso social.** Disponível em: <http://www.direitonet.com.br/artigos/exibir/8426/Uma-breve-analise-quanto-ao-novo-conceito-de-familia-um-avanco-ou-retrocesso-social>. Acesso em: 25 de out. 2014.

TARTUCE. Flávio. **Novos Princípios do Direito de Família Brasileiro**. Disponível em: <http://www.flaviotartuce.adv.br/artigos/Tartuce_princfam.doc >. Acesso em: 22 de out. 2014.

TOMASZEWSKI, Adauto de Almeida. **Filiação Socioafetiva: A posse do estado de filho como critério indicador da relação paterno-filial e o direito à origem genética.** Disponível em: <http://web.unifil.br/docs/juridica/03/Revista%20Juridica 03-1.pdf>. Acesso em: 15 de nov. 2014.

VENOSA, Silvio de Salvo. **Direito de Família.** 13 ed., rev., atual., e ampl. São Paulo: Editora Atlas S.A., 2013, p. 4, v. 6.

WELTER, Pedro Belmiro. **Igualdade entre filiação biológica e socioafetiva**. São Paulo: Editora Revista dos Tribunais, 2003, p. 31.

www.ingramcontent.com/pod-product-compliance
Ingram Content Group UK Ltd.
Pitfield, Milton Keynes, MK11 3LW, UK
UKHW021938190726
13853UKWH00004B/1528

9 786583 134653